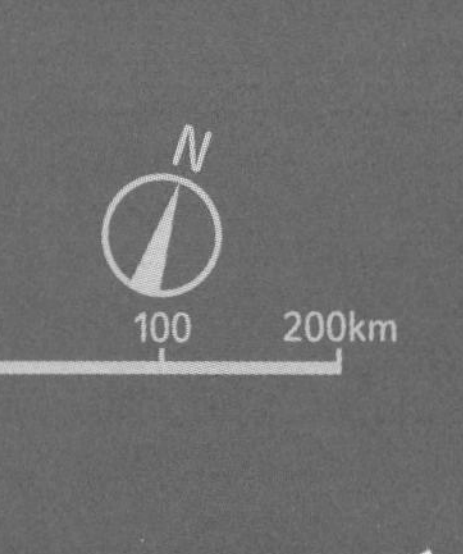

季節風

南東(夏)の風向き　北西(冬)の風向き

札幌

横手

十日町

田代

野辺山

東京

北海道の気候

夏はすずしく、冬は寒さがきびしい気候です。ほかの地域にくらべると、梅雨や台風の影響をうけにくいため、1年の降水量は多くありません。日本の総面積の5分の1ほどを占める広さがあり、太平洋側、日本海側、オホーツク海側で気候がちがってきます。

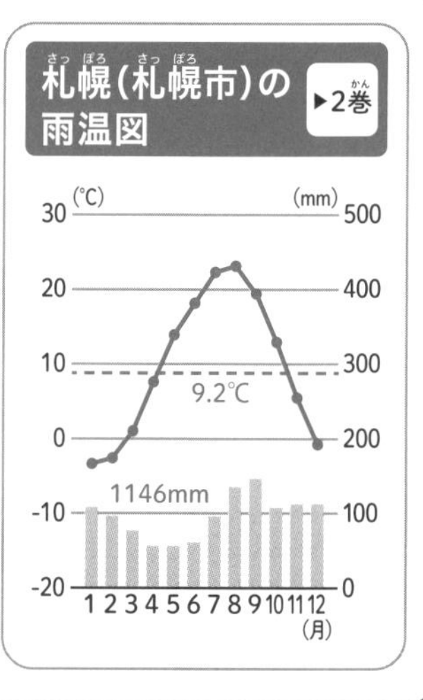

内陸の気候

周囲を標高が高い山にかこまれ、湿った風の影響を受けにくいため、降水量が少なくなります。また、海からはなれているので、夏と冬の気温差や昼と夜の気温差が大きいことが特徴です。

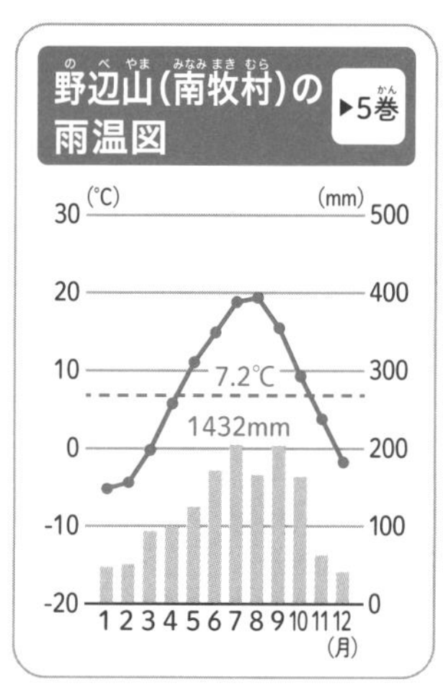

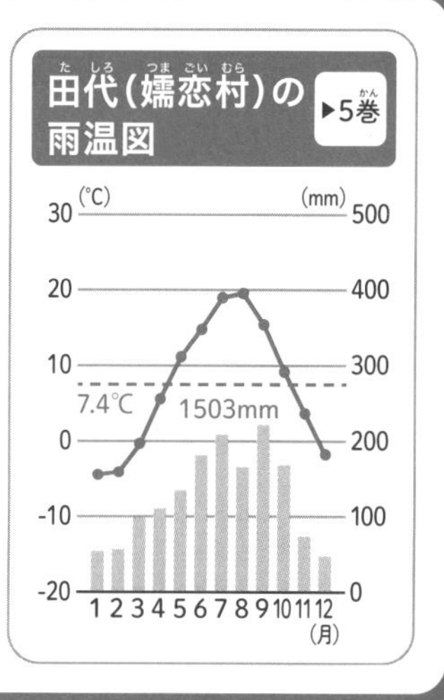

太平洋側の気候

夏に降水量が多く、冬は乾燥して晴天の日がつづくのが特色です。夏に南東からふく風は湿っているため、蒸し暑い日がつづきます。梅雨や台風の影響をうけやすい気候です。

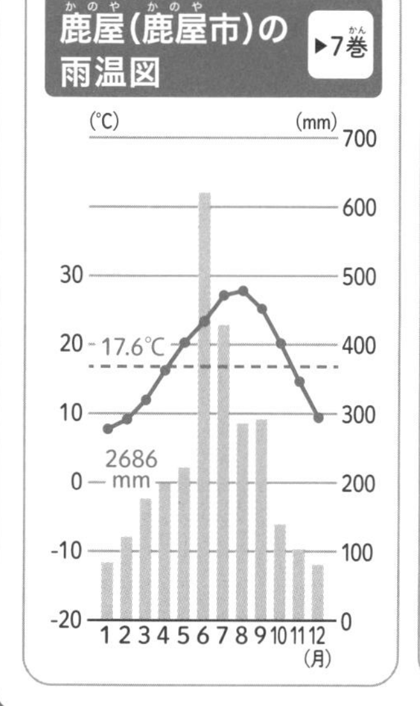

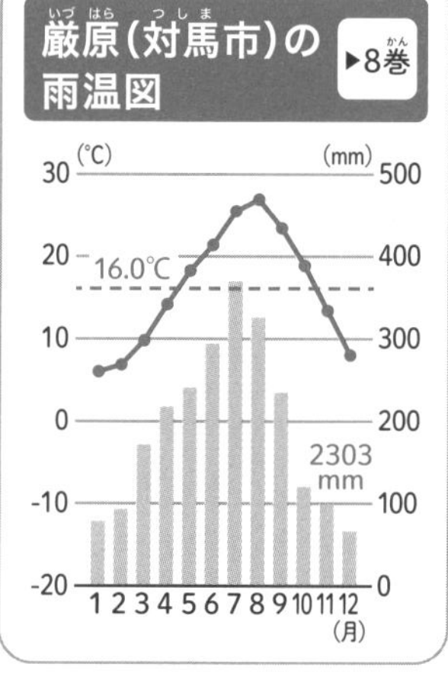

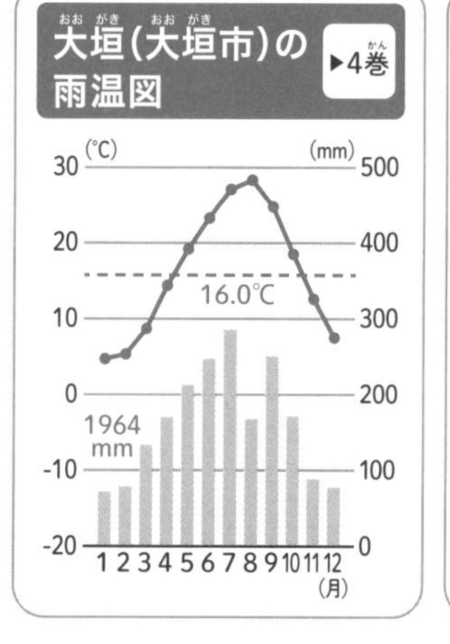

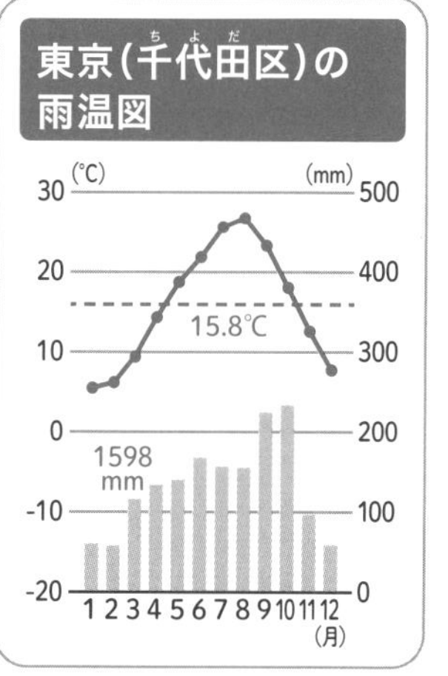

現地取材！日本の国土と人々のくらし 6

山地のくらし

長野県飯田市

もくじ

山地へ行ってみよう!

HOW TO USE

この本の使いかた

本文中に【➡P.22】【➡8巻】とある場合、関連する内容が別のページやほかの巻にあることを示しています。

グラフや表では、内訳をすべてたし合わせた値が合計の値にならないことがあります。また、パーセンテージの合計が100%にならない場合があります。これは数値を四捨五入したことによる誤差です。

データのランキングや生産量などは、数値が非公開となっている項目は考えずに作成している場合があります。

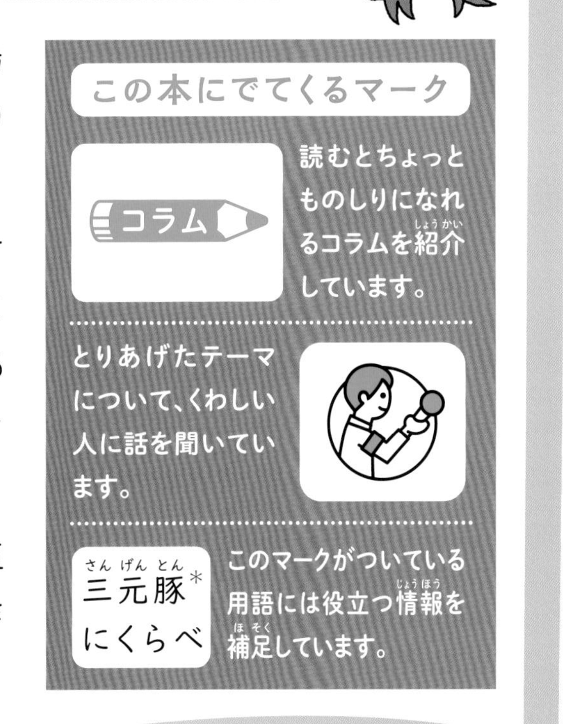

はじめに

みなさんがふだん生活しているのはどのような場所でしょうか？　平らな土地ですか？ それとも斜面があるところでしょうか？ 人は寝るときに平らな場所が必要ですし、家も平らにつくられます。水田は平らでないと水が流れていってしまいます。わたしたちが生活していくうえで平らな場所はとても重要なのです。

いっぽうで、日本は山がちな国土で、平らな場所が少ない環境です。日本は、地面が少しずつ高くなる場所にあります。また世界のなかでも雨が多く降る地域です。高くなった地面に雨が降ると地面が水の働きで削られて、斜面ができるのです。そのため日本にはたくさんのけわしい斜面があります。そのような場所を山地といいます。日本は国土の73％が山地になっています。

斜面は歩くのが大変です。平らな家をつくるのにもくふうがいります。斜面に手を入れて、畑や水田をつくることもあります。そのような山地で人間が生活するのには、平らな土地で生活するのとはちがった苦労があります。たくさんの雨が降って地面を削ると、土砂が崩れたり谷の川が増水したりして、災害になる危険もあります。そんな山地ならではの生活やくふうはどのようなものでしょうか。

山地は、人間が生活しづらい場所だから、人の手があまりくわわっておらず、自然がたくさん残っています。山地には低い平らな土地とちがう自然環境が見られます。山のふもとから山の上まで、寒さもちがいますし、生えている植物や生きものもちがいます。場所によっては、その山にしかいない貴重な生きものがいたりもします。山のなかのきれいな川で泳いだり、山でとれる木の実を食べたり、山の木を使った仕事や楽しみもあります。そんな山地でのくらしをいっしょに学んでいきましょう。

お茶の水女子大学　長谷川直子

①飯田市の気候と地形

日本列島のほぼ中心にあたる長野県には、高い山が連なる場所があります。その一部でもある飯田市を例に、山地とはどういうところなのかを調べてみましょう。

山地はどこにある？

国土の73%が山地

山地は、起伏の大きな地形のことです。日本は、山地が73%と多く、平地が少ない国だといわれています。山地の多くは森林であり、世界を見ても国土に対する森林の割合が多い国です。日本列島の中央には背骨のような山脈*が連なり、列島を日本海側と太平洋側にわけています。この山脈が、日本各地の気候や人々のくらしに、かかわっているといわれています。

長野県は本州の中央付近にあり、県内には日本アルプスともいわれる飛騨山脈（北アルプス）、木曽山脈（中央アルプス）、赤石山脈（南アルプス）の3つの山脈があります。3つの山脈は、標高の高さから、日本の屋根とよばれています。

日本の代表的な山地の集落、飯田市下栗地区は、その3つのうちのひとつ、赤石山脈からつながる山の高い部分、尾根といわれるところにあります。集落は、標高800〜1100mの急な斜面にあります。なぜ、こんなに高いところに集落ができたのか、なぜ、集落のなかで300mもの高低差があるのか。それを、この本で調べていきましょう。

*山が連続して、細長く連なっている山地。

日本のおもな山地と山脈

海沿いの一部をのぞいて、国土の多くに山地が広がっている。

…山地

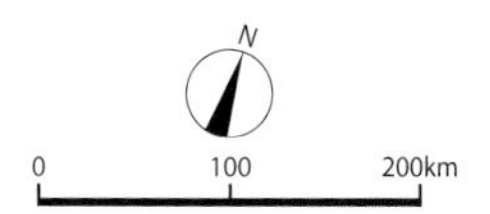

天塩山地
北見山地
日高山脈
北上高地
奥羽山脈
越後山脈
阿武隈高地
飛彈山脈
木曽山脈
赤石山脈
関東山地

ほとんどが
山地なんだね

▼**飯田市街と赤石山脈** 飯田市の東にそびえ、日本の屋根とよばれる赤石山脈。

▶**急斜面にある集落** 赤石山脈から連なる山にできた下栗地区。集落の中で300mの標高の差があるため、場所によっては垂直のように見える斜面がある。

山地の多くが森林なのはなぜ?

▲**遠山郷の山の森** さまざまな種類の木が育つ遠山郷【➡P.10】の森。

木が育ちやすい日本の気候

山地の多くが森林になったのは、日本の気候がかかわっています。それは日本全土に、平均して多くの降水量があることです。十分な降水量は木の成長を助けます。それが、日本の国土の66%が森林になるほど、多くの木を育てました。日本に多くの降水量をもたらしているのは、夏に来る台風が降らせる大量の雨と、冬の大量の雪です。台風は1年に何度も日本に上陸し、冬の雪は春にとけて山に水をたくわえます。

日本は南北に長い国土で、けわしい山が多い国です。それが北と南で、また山の垂直方向の気候にも変化をあたえました。それぞれの気候に合う木が生え、さまざまな種類の木が育つことにもなりました。そして、日本の風景の美しさを生んでいるのです。

けわしい山が多いことで、耕作やたてものが建設できなかったことも、森林がなくなることを防いできました。江戸時代には、大量の木材が燃料として使われるようになります。現代のガスや電気のかわりです。各地で大量の木が伐採され、森林がなくなってくると、領主たちに山を管理するという考えかたが生まれ、森林が保護されるようになります。そしていまも、多くの森林が日本に残っているのです。

▲**ふだんの天竜川** 飯田市内で、写真中央を縦に流れる松川と、横に流れる大きな天竜川が合流する。ふだんはおだやかなふたつの川。

▲**氾濫する天竜川** 「三六災害」で、堤防を破って氾濫する天竜川。飯田市中心部の松尾付近。

山地で起きる災害

山は平地にくらべて高低差があり、つねに山の斜面の土砂が降った雨とともに下流に流されています。とくに大雨が降ったときには、山の斜面が大きく崩れたり（地すべり）、大量の石や泥が一気に谷を流れくだったり（土石流）して、下流のたてものや田畑に大きな被害をあたえることがあります。

赤石山脈と木曽山脈にかこまれた伊那谷【➡P.10】には、天竜川という大きな川が流れています。1961（昭和36）年、台風と梅雨前線によるはげしい雨が伊那谷をおそい、「三六災害」がおきました。このため、山間部では地すべりや土石流が発生し、多くの集落や農地が土砂で押し流されました。また、天竜川やその支流があふれて洪水がおこりました。死者と行方不明者は136名で、流されたり、こわれた家は1500棟にもなりました。

その後、飯田市をはじめ伊那谷の各地域では、災害対策として「三六災害」を伝えつづけるとともに、水害と土砂災害にそなえた町づくりにとりくんでいます。

土石流って何？

地すべりで崩れた山の斜面や川底の石や土砂が、あふれた水とともに、一気に下流へと押し流されるのが土石流。

▲**砂防堰堤** 山の谷間を流れる川の上流に、砂防堰堤とよばれるダムのようなものをつくる。これで土砂をため、下に流れるのを防ぐ。

土地ごとにちがう気候

日本アルプスが天気を変える？

長野県は、海から遠くはなれた内陸にあることから、全県的に「内陸の気候」の特徴が見られます。また、年間降水量も少ない地域となっています。

ただ、長野県南部の飯田市南信濃は、長野県のなかでも降水量が多いところです。月別降水量を北部の長野市と比べてみるとどの月も南信濃の降水量のほうが多く、なかには倍以上の月もあります。飯田市は、東に赤石山脈、西に木曽山脈という標高3000m前後の高い山にかこまれているため、季節風や台風の影響が少ないところです。

しかし、飯田市東部の遠山川沿いに集落が点在している遠山郷では、遠山谷という深い谷により、南風が入りやすくなっています。また、遠山谷と、天竜川に沿った隣の伊那谷では、台風が長野県に接近して県の西側を北上するコースをとったときは、暴風、大雨になります。

長野県南部にある南信州地域（飯田市と下伊那郡）

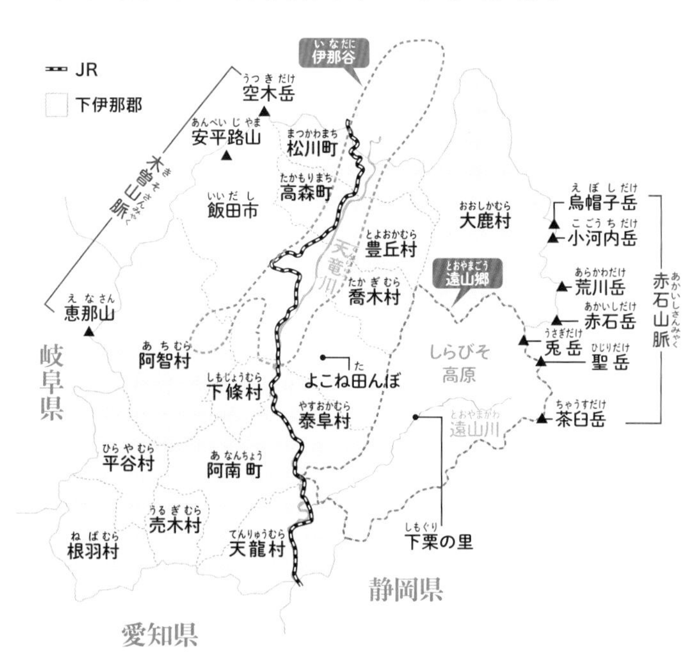

南信濃（飯田市）と東京（千代田区）の月平均気温と月別降水量

◎気象庁発表の平年値（1991年～2020年の平均値）から作成。

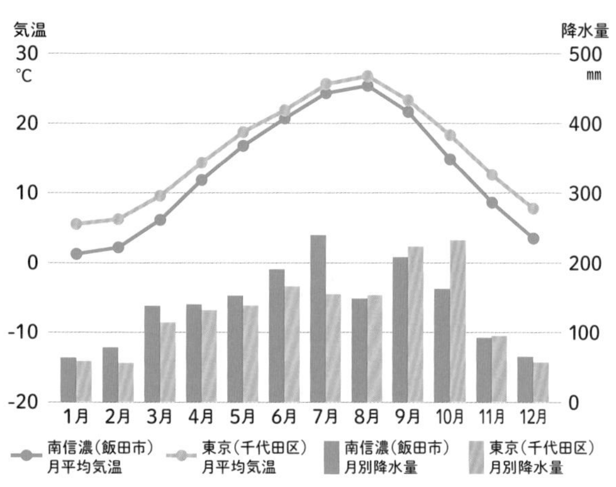

南信濃（飯田市）と長野（長野市）の月平均気温と月別降水量

◎気象庁発表の平年値（1991年～2020年の平均値）から作成。

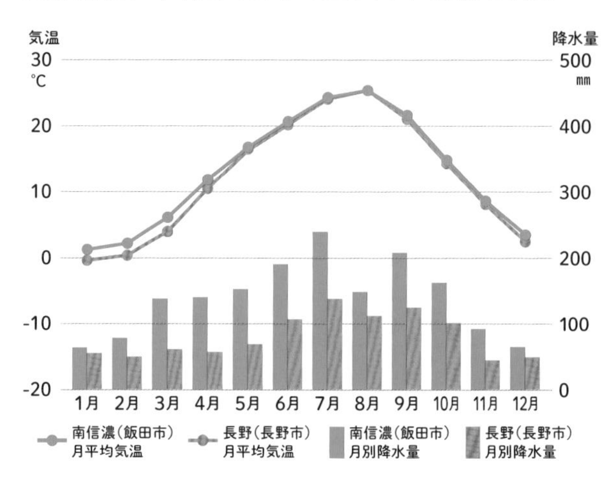

▲**下栗の里** 山の斜面に張りついているように見える下栗の里。写真を見ると、下栗地区の日当たりのよさがよくわかる。はるか下に遠山川が見える。

日照時間が多いのはなぜ？

下栗の里を、はなれたところからながめていたとき、「ここから見ると下栗に人が住んだ理由がすぐわかるだろう。あんなに日当たりがよい場所は、遠山郷ではほかにない」と地元の人が話してくれました。

遠山郷の集落の多くは、高い山にはさまれた遠山川沿いの谷間にあり、日の出がおそく日の入りは早いところです。つまり、陽光がさしこむ時間が少ないので、日照時間も少なくなるはずです。

遠山郷にある気象庁の南信濃観測所は谷の底にあり、遠山郷の多くの集落と近い条件の場所にあります。県内のほかの地域と比べて降水量が多いにもかかわらず、日照時間が多くなっています。

そうした遠山郷のなかでも下栗の里ともよばれる、下栗地区は山の上のほうにあり、まわりからせりだしたような斜面にあるため、とても日当たりがよいところになっているのです。

地元の人がじまんする理由が、よくわかる話です。

長野県各地の降水量と日照時間（合計）

◎気象庁発表の平年値（1991～2020年の平均値）から作成。

観測所	降水量	日照時間
飯山（飯山市）	1412.0mm	1688.7時間
長野（長野市）	965.1mm	1969.9時間
上田（上田市）	906.2mm	2221.9時間
佐久（佐久市）	964.0mm	2146.9時間
松本（松本市）	1014.1mm	2134.7時間
大町（大町市）	1405.9mm	1730.0時間
飯田（飯田市）	1688.1mm	2074.5時間
南信濃（飯田市）	1895.5mm	2057.3時間

②山地の生きもの

赤石山脈の南部になる南信州地域には、高山をすみかにする希少な生きものたちがいます。豊かな自然が残る赤石山脈には、どんな動植物がいるのかを調べてみましょう。

希少な生きものが生息する高山

▶サンプクリンドウ 下伊那郡大鹿村にある三伏峠から名前をとっている。とても希少な植物。8月～9月に開花する。

南信州地域の高山植物

高山植物とは、森林限界より高い高山帯とよばれる地帯に生える植物*のことをいいます。高山帯は日差しが強く、気温が低く、風が強く、乾燥しています。そのため、このような気候でも育つように、高山植物は平地の植物とくらべ草たけが低く、葉や花も小さいものが多いです。赤石山脈（南アルプス）では、標高2600m以上で見ることができます。

*日本では、高山帯の下に位置する亜高山帯の植物を含むこともある。

▲タカネビランジ 南アルプスでしか見ることができない固有種。岩場やがけが崩れた場所などに生えている。7月の終わりから8月に開花する。

コラム

森林限界って何？

森林限界とは、標高や緯度、低温や乾燥、風、積雪などが原因で、多くの植物が育ちにくく、林ができなくなる場所の境目のことをいいます。

森林限界は、地域によって位置は変わります。日本でも、緯度が高いために寒い北海道では、日本のほかの地域より標高が低い位置になります。また、標高だけでなく、平地でも熱帯では乾燥による森林限界があります。

赤石山脈の森林の垂直分布図

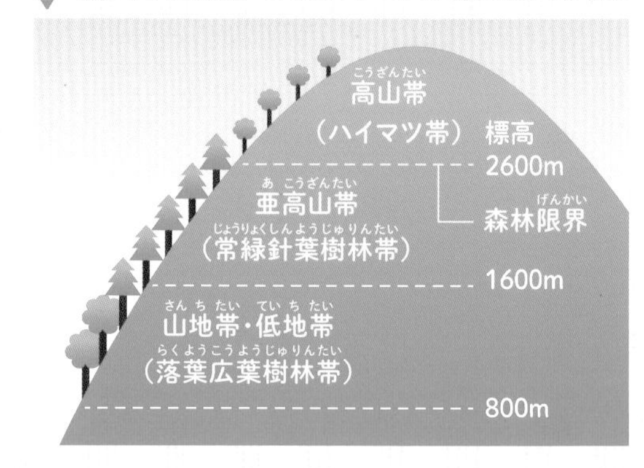

赤石山脈の高山帯、亜高山帯にすむおもな生きもの

飯田市は、もっとも低いところで標高約300mから、高いところで3000mを超す赤石山脈の山頂まで広がっています。赤石山脈の高山には、めずらしく貴重な生きものが生息しています。その一部ですが、紹介しましょう。

▲**ライチョウ** 赤石山脈をはじめ、本州中部の高山に生息している鳥。日本国内では約1700羽、赤石山脈では約300羽が生息すると思われ、絶滅が心配される。成鳥はハトより少し大きく、冬は純白、夏は褐色の羽毛でおおわれる。高山植物や虫などを食べている。国の特別天然記念物。

▶**クモマベニヒカゲ** 本州の中部山岳地帯と、北海道の大雪山系に生息するチョウ。ベニヒカゲと近い種だが、ベニヒカゲよりせまい地域にしか生息していない。南信州地域では、標高1800～2000m以上のダケカンバ林の草地などに生息している。長野県天然記念物。

▲**ミヤマシロチョウ** 標高1400～2000mの間の、限られたところにだけ生息しているという。飛騨山脈（北アルプス）、浅間山、八ヶ岳、赤石山脈（南アルプス）に分布していますが、飛騨山脈では、絶滅したといわれている。長野県を代表する希少なチョウ。長野県天然記念物。

◀**ベニヒカゲ** 標高1500m以上の高い山にいるチョウ。日本では北海道と本州より北の山地に生息し、南信州地域では、木曽山脈（中央アルプス）、赤石山脈（南アルプス）で確認されている。7月終わり～8月にかけ、尾根や明るい草原で見ることができる。幼虫が成虫になるまで2年間かかる。長野県天然記念物。

③山地のくらし

山地では、人々はどのようにくらしているのでしょうか。下栗地区を中心に、家のくふう、四季の生活、小学生の一年、郷土料理、祭りや芸能を見ながら調べてみましょう。

下栗地区の家づくりのくふう

▲**石置き屋根の家** 昭和30年代の下栗地区の家。屋根の上に石をのせている。

急斜面を削って平地をつくる

飯田市下栗地区の家は、南向きの急斜面にたてるため、まず地面を平らに削る必要があります。奥まで広く削ることはできないので、どうしても横に細長い土地になってしまいます。そのため、たてものも横に細長くなります。

多くの家は平屋という1階だてで、屋根は低くなっています。金属の屋根が使われるようになる前は、板でふいた屋根に石をのせていました。谷底からふきあげてくる風に、屋根を飛ばされないためのくふうです。

▼**横長の家が段々に並ぶ** 急斜面を削ったわずかな土地に、横長の家がたてられている。畑のなかのまるい緑は茶の木。土が落ちるのを防いでいる。

▲**カコイとヤライ** いまは見ることもなくなった、杉の木の「カコイ」。杉の手前には、丸太でつくった「ヤライ」がある。

▲**現代の「ヤライ」** 家の前につきでたテラスの手すりのように見えるのが、鉄製になった現代の「ヤライ」。家の下には、石垣が組まれ、崩れないようにかためている。

◀**土を止めるくふう** 山側は斜面を切った小さながけで、そこを石垣などで土どめする。石垣に屋根やひさしをのせて、土が家に入らないようにするのが下栗の家のくふう。

土の落下と谷風を防ぐ

山の斜面を削ってたてた家の裏側（北側）は、屋根の高さくらいの小さながけになっています。がけが崩れないように石垣などでかためて、石垣には屋根をのせるようにたてます。屋根ではなく、「ネコビサシ」というひさしをのせた家もあります。どちらも、うしろの斜面から土砂が家のなかに入ってこないためのくふうです。屋根の下は、人が一人とおることができる通路になっています。

谷側になる家の前には、杉の木を植えて「カコイ」をつくりました。また、材木を組んだ「ヤライ」を立て、そこに作物などをかけて谷底からふきあげる風をさけています。

インタビュー

土が下に落ちないくらしかた

下栗地区の農家
仲井 栄 さん

下栗の生活は、いまでも自給自足みたいなものです。畑はせまいから、量をつくることができないので、売るのもひと苦労です。今日も、麦みそをつくりました。米こうじをつくって、麦にまぶしてみそにする。手づくりですよ。

下栗は、急な坂にあるでしょう。何もしないと土がどんどん下に落ちていくから、家のまわりも畑も土が下に落ちないようにお茶の木を植えたり、土どめをつくっています。畑を歩くときも、土が落ちない歩きかたを、親からしつけられたものです。

（2023年4月取材）

現代の斜面の家のくふう

斜面をいかしてながめもよくなる

14ページで見たように、斜面や段差のある山地に家をたてるときは、まず斜面を削って平らな土地をつくり、その上に家をたてるのがふつうでした。ところがいまは、斜面や段差をそのままにしてたてた家が増えています。

イラストの家は、家から見おろす見事な景色を楽しむために、ゆるやかな斜面を利用してたてた例です。スキップフロアといって、斜面に合わせて部屋ごとに床の高さを変え、部屋を階段でつなぐことで、どの部屋からも景色を楽しめます。また階段状の見晴らしデッキも生まれ、斜面の土地になじむ家ができました。

斜面をそのままにしてたてた家

▲**景色を楽しむための窓** 家からのながめを楽しめるように大きな窓をつけた。

斜面をいかす
高低差が6mほどある斜面には何も手を加えず、そのまま設計にいかしている。

▲**部屋の段差** 家のなかにできる段差を、階段でつなぎ、仕切りも少なくしてどの部屋からのながめもよくした。

外につけたデッキ
斜面に合わせて、デッキは階段状にしている。

コラム

気候と自然を利用した家

南信州地域は、冬に晴れる日が多く、日本でも日照時間が多い地方です。その気候をうまく利用した家もあります。目立つのは南側の大きな窓。太陽の熱を家に入れて、冬の寒さをやわらげます。家のなかには、熱をたくわえやすいタイルを土間にしき、南側の和室にはレンガをつんでいます。冬は屋根であたためた空気が家じゅうに送られます。夏は、夜のあいだに冷えた空気を床下に送り、床下に冷たい空気をためておくことで、昼間に部屋の温度があがるのをおさえるようになっています。

季節とともにある下栗のくらし

▲**急斜面の農作業** 下栗地区の畑は、気をぬくと下まですべり落ちてしまいそうな急な斜面にある。

農作業を中心に1年をすごす

春は農作業をはじめる季節です。3月ごろから作付がはじまります。特産の下栗いもは、3月下旬に種イモを植えます。急斜面にある畑は、まわりに茶の木を植えて、土が下に落ちないようにしています。その茶の木は5月下旬に葉をつみます。標高1000m前後の日本一高いところで育ったお茶です。

夏は、最初の収穫の季節です。おいしさが評判のキャベツや、トマトなどの夏野菜、そして下栗いもが収穫されます。

秋も収穫の季節です。ソバや大豆、雑穀類、ダイコンなどの根菜類など、作物の収穫にいそがしく毎日をすごします。

冬は、農作業はお休みの季節です。春にそなえて、ソバをひいたり、豆を選別したり、つけものや凍みだいこんをつくります。大豆はとうふや煮豆、しょうゆ豆【➡P.24】にしたり、みそをつくります。

下栗地区では、このように古くから季節の気候をじょうずにとりいれ、日々のくらしを営んできました。

◀**下栗いも** 下栗いもは、古くから伝わるジャガイモの一種で、下栗地区の住民グループが、品種の保存や料理の研究をおこなってきている。2007年（平成19年）には、長野県から「信州の伝統野菜」に認定された。

▶**凍みだいこん** 冬の寒さを利用してつくる保存食の一つ。ダイコンを冬の寒い風に当てて乾燥させたもの。夜の寒さでダイコンが凍り、昼のあたたかさでとけることを何度もくりかえすことで、ダイコンの水分をぬく。

下栗地区の農産物の一年

作付　収穫

	1月	2月	3月	4月	5月	6月	7月	8月	9月	10月	11月	12月
下栗いも			作付	作付	作付	作付	収穫					
キャベツ	作付	作付	作付	作付・収穫	作付	作付・収穫	作付	作付・収穫	作付・収穫	作付・収穫	作付	作付
トウモロコシ					作付	作付	作付・収穫	収穫	収穫			
コンニャクイモ									収穫			
トマト					作付	作付	作付・収穫	収穫	収穫			
キュウリ					作付	作付	作付・収穫	収穫	収穫			
ナス					作付	作付	作付・収穫	収穫	収穫			
カボチャ					作付	作付	作付	収穫	収穫			
ダイコン				作付	作付	収穫	収穫	作付	作付	作付	収穫	
ネギ				作付	作付・収穫	収穫	収穫	収穫	収穫	収穫	収穫	
にんじん			作付	作付	作付	作付・収穫	収穫	収穫	収穫	収穫	収穫	
ごぼう					作付	作付	作付	作付	収穫	収穫	収穫	
タマネギ	作付	作付	作付	作付	作付	収穫			作付	作付	作付	作付
ハクサイ				作付	作付	収穫			作付	作付	作付・収穫	収穫
野沢菜									作付	作付	作付・収穫	収穫
ホウレンソウ				作付	作付	収穫						
サトイモ					作付	作付	作付	作付	作付	収穫		
サツマイモ					作付	作付	作付	作付	作付	収穫		
シイタケ		作付	作付									
ソバ							作付	作付	作付・収穫	収穫		
大豆						作付	作付	作付	作付・収穫			
茶					収穫	収穫						
雑穀類				作付	作付	作付	作付	作付	作付・収穫	収穫		

▲**下栗の春** 赤石山脈に雪を残し、里では草木が芽を出す。4月になれば、下栗地区の里の周辺は新緑におおわれる。

▲**下栗の夏** 夏は収穫の季節でもあり、外から多くの人が下栗地区にやってくる観光の季節でもある。

▲**下栗の秋** 山に赤や黄色の絨毯を敷きつめたような下栗地区の秋。この美しさを見に観光客が訪れる。

▲**下栗の冬** 冬は晴れる日が多い遠山郷だが、日本の南の海上を低気圧がすすむときは、大雪になる。

学校生活で見えてくる山地の小学生の一年

1学期の子どもたち

飯田市の遠山郷にある上村小学校に通う子どもたちの一年（2022年）を見てみましょう。小学生たちの学校生活は、地元の大人たちときずなを結び合うことでもあります。

4月6日。入学式がおこなわれました。全校児童19名が、スクールバスで通学しています。なかにはバスで40分ほどかかる、学区外の市街地から通っている子どもたちもいます。

4月12日。原木とよばれる丸太に、シイタケ菌を植えつける「シイタケの駒打ち」も全校児童でやりました。原木全体にシイタケ菌が行きわたり、キノコになって収穫できるのは3年後だそうです。

◀ **シイタケの駒打ち** 地域の人と共同で、丸太にシイタケ菌を植えつける。

▼ **下栗いもの植えつけ** 1年の生活のなかでは、大人との共同作業が欠かせない。

4月20日。遠山郷にある下栗地区の伝統野菜「下栗いも」【➡P.13】を地域の人といっしょに植えつけをしました。

5月27日。下栗地区の集落のさらに山奥にあり、アルプス展望台ともよばれている「しらびそ高原」の開山祭に参加し、しらびそ高原の安全を願いながら、地域の人たちの前で歌を歌いました。

▲ **下校時間** スクールバスに乗る順番を待つ子どもたち。出発の時間まで、校庭や体育館で思い切り遊んでいる。

▲**しらびそ高原開山祭** しらびそ高原は標高1900mにあり、目の前の赤石山脈から、木曽山脈、飛驒山脈まで、3つの日本アルプスを見ることができる。毎年、開山祭には小学生も参加している。

夏休みの子どもたち

6月3日。水泳授業のために、プールのそうじをしました。全校児童が少ないので、プールそうじのために、PTAのみなさんや地域の人が、いっしょにそうじを手伝ってくれます。そうじをしていると、大きなモリアオガエルが現れました。おっと、びっくり。

7月30日。夏休みには、地元の町づくりの団体と学校で、いっしょに企画したキャンプがあります。地元の自然や伝統文化にふれながら、地域の人との交流を深めます。

▲**七輪で火おこし** 大人たちに教えてもらいながら、火をおこす子どもたち。ひとりひとりが火おこしを体験できるように、七輪を使う。

▲**キャンプから学ぶ** ジオパーク・エコパークに指定されている地域の自然の豊かさや、災害がおきた場合に必要なことなど、キャンプをしながら学んでいく。

▲**川遊びも授業** 小さいころから、川に親しんで山の子は育つ。川は楽しいところだけれど、気をつけないとあぶないところでもある。また、大雨で流れが変わってしまって、遊び場が変わることもある。

2学期の子どもたち

8月30日。夏休み明けに、体育の授業で川遊びをおこないました。

10月9日。運動会が開かれました。上村小学校の運動会は、保育園と地域の人たちといっしょにやります。地元の大人たちと協力して、運動会を盛り上げました。運動会の最後に、日ごろから練習してきた太鼓を演奏しました。

10月19日。地元の人の協力で近くの川にアマゴを放流しました。元気に育ってと、いのる子もいました。

11月13日。運動会と同じように、地域の人たちといっしょに楽しむ文化祭「しゃくなげ祭」がありました。そして、11月は遠山郷の伝統芸能「霜月祭り」【➡P.26】の準備も大人たちの指導を受けて順調に進みます。

12月11日。伝統的な「上町の霜月祭り」がおこなわれました。ひと晩じゅうおこなわれる祭りを見学に、観光客も集まります。

▼**地域といっしょの運動会** 運動会で演奏する小学生を毎年地域の人たちは楽しみにしている。

▼**アマゴの放流** 元気に育ってねと地元の川にアマゴを放流。

▼**地域の文化祭** 人口が少なくなったことで、運動会同様、地域の文化祭も小学校、保育園といっしょに計画参加。地域の人たちとともに過ごす時間を楽しむ。

▲**霜月祭りの練習** 霜月祭りでふく笛を体育館で練習中。

▶**霜月祭りに参加** 霜月祭りに小学生も参加。飯田市上村での霜月祭りは、中郷、程野、上町、下栗の4か所でおこなわれている。

3学期の子どもたち

1月10日。正月休みが明けると、小正月飾りを地域のお年寄りに教わりながら作ります。小正月飾りは、庭にある柿の木などの木に飾りをしばりつけます。地域の人が「自分ができなくなったら行事ができなくなってしまう」とさみしそうに言った言葉が心に残りました。

1月13日。小正月飾りを学校の校庭に集めて、地域の人に教わりながら焚きあげました。これを松送りといいます。どんど焼きなどとよばれている行事です。

2月2日。楽しみだったスキー教室が開かれました。全校でスキー場に行きます。

3月15日。卒業式がおこなわれました。2人の卒業生でした。「1、2年生にとってもやさしい!」「自分たちにタイミングを合わせてくれた」大好きな6年生を送り出す在校生たちは、全員が号泣しました。

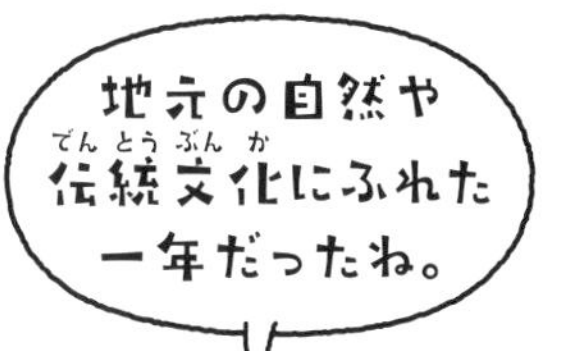

▶**松送り** 小正月飾りを焼く松送りを学校でもおこなっているが、飯田市上村の各地区でおこなわれている。

▼**小正月飾り** 豊作を願って、くるみの木を使って、俵型の置物をつくる。

地元の食材をたいせつに料理

下栗地区の郷土料理

下栗地区の郷土料理には、ソバ、大豆、野菜や雑穀を、むだなく使う知恵やくふうがされています。

長野県内各地にある焼きもち（おやきともいう）が、ここにもあります。調理であまった野菜などをあんにして、小麦粉やソバ粉のだんごをつくります。それを、いろりにのせた鉄板などの上で焼いたものが焼きもちです。下栗地区など遠山郷ではソバだんごとよばれ、いたまないように塩づけして運ばれたサンマのぶつ切りをあんに使い、いろりの灰のなかでサンマにしっかり火をとおすのが特徴です。

大豆を使った食品にしょうゆ豆があります。むした大豆や黒豆を、こうじで発酵させてつくります。長野県の郷土料理ですが、下栗地区では、ソバの葉の粉を香りづけに使うのが特徴です。

下栗いもは、おもにゆでたイモをくしにさして焼き、みそをつけて食べます。

ほかには、かたいとうふ、いのしし鍋、栃の木になる実を使った栃もちや栃がゆなどがあり、どれも古くから伝わる下栗地区の伝統料理です。

▲**サンマ入りソバだんご** サンマのぶつ切りを、かためのソバだんごでくるんだ、下栗地区独特の料理。

▲**しょうゆ豆** 大豆をつかってつくる、発酵保存食品。調味料にしたり、ごはんのおかずにする。

▲**イモ田楽** 下栗名産の下栗いもを皮をつけたままゆで、焼いてみそをつけて食べる。

その他の郷土料理 写真の左上は、箸が折れるほどかたいと冗談がいわれるとうふ。右上は、イノシシ肉の鍋。下は、栃の実でつくった、栃もちと栃がゆ。

おいしいから食べた昆虫の料理

遠くない未来に来るといわれる食糧不足を心配して、世界が注目しているのが昆虫食です。南信州地域はじめ、長野県では古くからイナゴ、ハチノコなど昆虫を料理して食べていました。昆虫は、魚や野菜と同じように、伝統的な食材でした。

例えばバッタのなかまでイネを食べるイナゴは、飯田市の北にある伊那市でいまも家庭の味として親しまれています。また、長野県に限らず、全国で食べられていました。南信州地域では、ハチノコなどといっしょに、スーパーマーケットで売られています。

▲イナゴ 昆虫食では、いちばん身近なイナゴの佃煮。

▲ハチノコ 追う、飼う、食べる楽しみがそろう。

▲ザザムシ 伊那谷だけに残る独特の昆虫食。

▲ザザムシふりかけ 地元の高校生が考えた商品。

伊那谷【➡P.10】独特の昆虫食に、ザザムシがあります。カワゲラ、トビケラ、ヘビトンボの幼虫のことで、成虫になるまでは川に生息しています。ザザムシをとるのはだれでもできるものではなく、資格をもった漁師だけがとることができます。大正時代には、ザザムシを加工した商品を東京の料理店に売り込み、人気商品になったという話も残っています。

ほかにもカイコのさなぎ、ゴトウムシとよばれるカミキリムシの幼虫など、豊かな昆虫食の文化が残されています。

インタビュー

おいしいハチノコとりは大人の遊びにもなった

伊那市創造館
館長
捧 剛太 さん

クロスズメバチという肉食のハチのおもに幼虫を食材にしたハチノコは、伊那谷だけではなく、岐阜県などでいまも食べられています。そして、土のなかにつくられたハチの巣を探すハチノコとりは、大人の遊びとしても楽しまれています。

林のなかに生の馬肉やイカの切り身をぶらさげ、ハチが食いちぎって巣に持ち帰るところを待ちかまえます。集まってきたハチに目印の白いビニールを着けさせて、ハチが飛びたったら目印を追って野山を走ります。巣を見つけたら、巣ごと持ちかえって土に埋め、巣を大きく育てるのです。毎年、巣の大きさを競うコンクールがあり、これも楽しみのひとつになっています。

（2023年4月取材）

南信州地域の民俗芸能

◀**遠山の霜月祭り** 下栗地区のある遠山郷では、旧暦の11月(霜月)に霜月祭りがおこなわれる。昼間がもっとも短くなる霜月を、生命力が弱まった太陽に見たてる。そして、太陽と生命の復活をいのるために全国から神様を招待し、お湯でもてなす。

信仰とともに育った芸能や行事

室町時代(1338～1573年)から江戸時代(1603～1867年)にかけて、京都、鎌倉、伊勢(いまの三重県)、諏訪(長野県中央部)などの神社や寺から、さまざまな信仰とともに芸能が伝わったといわれます。それが、南信州地域(飯田市と下伊那郡)の各地で人々の生活に根ざすようになり、独自の文化として育てられてきました。

国がとくに重要と指定した国指定重要無形民俗文化財が6件。重要無形民俗文化財に指定されていなくても、伝え残していくために記録や公開が必要だと国が選んだ、国選択無形民俗文化財が13件。県指定無形民俗文化財が4件、県選択無形民俗文化財が5件。芸能や行事に限ってみても、これだけの数があります(重なりもふくむ)。

国や県から指定・選択された民俗芸能

国指定重要無形民俗文化財
「遠山霜月祭の芸能」 飯田市上村地区・飯田市南信濃地区
「雪祭の芸能」新野の雪祭りの新能・猿楽・田楽・舞いなど 下伊那郡阿南町
「新野の盆踊」の風流踊り 下伊那郡阿南町
「和合の念仏踊」の風流踊り 下伊那郡阿南町
「天龍村の霜月神楽」(「坂部の冬祭り」の神楽・「向方お潔め祭り」の神楽・「大河内池大神社の例祭」の神楽) 下伊那郡天龍村
「大鹿歌舞伎」 下伊那郡大鹿村

国選択無形民俗文化財
「伊那の人形芝居」黒田人形の人形浄瑠璃 飯田市
「伊那の人形芝居」今田人形の人形浄瑠璃 飯田市
「伊那の人形芝居」早稲田人形の人形浄瑠璃 下伊那郡阿南町
「遠山霜月祭」の神楽 飯田市上村地区・飯田市南信濃地区
「雪祭の芸能」新野の雪祭りの新能・猿楽・田楽・舞いなど 下伊那郡阿南町
「和合の念仏踊り」の風流踊り 下伊那郡阿南町
「新野の盆踊」の風流踊り 下伊那郡阿南町
「坂部の冬祭りの芸能」 下伊那郡天龍村
「向方お潔め祭りの芸能」 下伊那郡天龍村
「下伊那大河内のシカオイ行事」 下伊那郡天龍村
「大鹿歌舞伎」 下伊那郡大鹿村
「伊那谷のコト八日行事」 飯田市・下伊那郡
「下伊那のかけ踊」の風流踊り 飯田市・下伊那郡

県指定無形民俗文化財
「南山の榑木踊り」 下伊那郡泰阜村
「大島山の獅子舞」の獅子舞 下伊那郡高森町
「日吉の御鍬祭り」の風流踊り、神楽の舞など 下伊那郡阿南町
「清内路の手作り花火」の手作り花火 下伊那郡阿智村

県選択無形民俗文化財
「深見の祇園祭りの習俗」 下伊那郡阿南町
「伊那の人形芝居」・黒田人形の人形浄瑠璃 飯田市
「伊那の人形芝居」・今田人形の人形浄瑠璃 飯田市
「伊那の人形芝居」・早稲田人形の人形浄瑠璃 下伊那郡阿南町
「大島山の獅子舞」 下伊那郡高森町

◎民俗芸能の表記は登録された名称です。

人形芝居と歌舞伎

伊那谷には、「伊那の人形芝居」とよばれている人形浄瑠璃があります。人形浄瑠璃とは、語りと、三味線、人形が一体となった日本固有の人形劇です。現在、南信州地域の3つの人形芝居が、国選択無形民俗文化財に選ばれています。

大鹿歌舞伎は、神社へ奉納する芝居として伝えられてきました。下伊那郡大鹿村で確認できるもっとも古い記録は、1767（明和4）年におこなわれたものです。

▲**黒田人形** 元禄年間（1688〜1703年）に、僧が若者に人形浄瑠璃を教えたことがはじまりという。その後、淡路島や大阪から先生を招いて、技をみがいた。

▲**今田人形** 村に残る記録によると、江戸時代中期の1704（宝永元）年にはじまったという。現代は、1990（平成2）年からロウソクを使った演出が人気を集めている。

▲**大鹿歌舞伎** 神社への奉納芝居として伝えられてきた。大鹿歌舞伎にしか残されていないめずらしい演目もある。

インタビュー

なぜ多くの伝統芸能が残ったのか

飯田市美術博物館
学芸員
近藤大知 さん

民俗芸能は時代とともに、やりかたを変えてきましたが、常に地域の人たちに大事な文化として伝えられてきました。昭和30〜40年代から、小学校などで子どもに伝える活動がおこなわれるようになり、多くの伝統芸能が残ってきたのです。

それまでには、危機もありました。近代になり世の中が大きく変わったときに、自分たちのもつ文化の価値が見えにくくなりました。そうしたときに、柳田國男、折口信夫といった有名な民俗学者が南信州地域を訪れて、人々の目を開かせてくれたのです。古いものがつぎつぎになくなっていった時代ですから、ここで価値に気づかせてもらったのは、大きなことでした。

（2023年4月取材）

信仰と生活が育てた芸能 行事のなかの芸能

▲**新野の雪祭り** 子孫を見守る祖先の霊「歳神」が、「幸法」となって現れ、舞いをおどる。

独自に発展した芸能

南信州地域（飯田市と下伊那郡）では、信仰とともに伝わった芸能に、湯立神楽や、念仏おどり・かけおどりなどの風流おどり、獅子舞、祇園祭りや花火があります。それぞれ地域ごとに独自に発展して、いまもつづいています。

神楽は、神を祀るときの歌や演奏、舞いです。風流おどりは、その地域で一年のあいだに亡くなった人を供養する行事で、笛や鼓、太鼓に合わせて大勢ではなやかな衣装を着ておどります。歌舞伎は風流おどりから生まれました。かけおどりは、南信州地域では神仏を祀る場所へ「出かける」意味があるといいます。

霜月神楽

◀**坂部の冬祭り** 病気回復などをいのる下伊那郡天龍村の霜月神楽のひとつで、1月4日夕方から翌日の昼までおこなわれる。記録によると、1428（正長元）年のはじまりという。

▼**大河内池大神社の例祭** 下伊那郡天龍村の霜月神楽のひとつで、上衣の裾を湯にひたして飛ばす「湯ばやし」が特徴。写真の「鎮めの舞い」は天下を踏みかためるといわれる重要な舞い。

霜月神楽

風流おどり

▲**和合の念仏踊** 下伊那のかけおどりのひとつで、長野県を代表する盆の念仏おどり。念仏おどりとは、念仏などを唱えながら、かねや太鼓を打ち鳴らしておどるもの。

風流おどり

▲**新野の盆踊** 盆おどりは、8月14日夜から17日早朝にかけておこなう。1529(享禄2)年、下伊那郡阿南町に瑞光院という寺ができたことを祝ったのがはじまりという。楽器をまったく使わない、めずらしい盆おどり。

風流おどり

▲**大島山の獅子舞** 巨大な胴体の中には太鼓や笛などではやす人が入って舞う。あばれる獅子を、宇天王という先導役が手綱をさばいてあやつり、静かにさせて眠らせる物語になっている。

花火

▲**深見の祇園祭りの習俗** 流行病を打ちはらうために、1836(天保7)年からはじまった津島神社(下伊那郡阿南町・諏訪神社内)の祭り。深見池のいかだの上でやくばらいがおこなわれる。池の上で開く花火が有名。

年中行事でおこなう芸能

南信州地域では、地域の年中行事も民俗文化財になっています。風邪などの疫病神を送り出す飯田市の「コト八日行事」。周辺の山から鹿を追いたてて射るまでを演じる、下伊那郡天龍村の「下伊那大河内のシカオイ行事」などがあります。

鹿追い

▲**下伊那大河内のシカオイ行事** 射られたワラ鹿は、子どもたちが腹のなかに入っているもちや、あずき飯を食べる。その後、神社の前でえき病よけの神送りがおこなわれる。

④南信州地域の産業

南信州地域は、江戸時代に、米のかわりに木材を税金として納めていました。それだけこの地方の林業が有名でした。古くからつづく南信州地域の林業を調べてみましょう。

▲**進化したヘルメット** ヘルメットは、木を切っているときに破片で目や頭にけがをしないためにかぶるものだ。最近は、このヘルメットにマイク、耳当てにヘッドホンと無線装置がついていて、はなれた場所にいる仲間と連絡をとり、安全を確認したり、効率よく仕事をすすめたりしている。

長い年月と向き合う仕事

林業は、森などに植えている木を切り、それを製材して売ることで成り立っています。林業には、大きく分けると2種類の工程があります。

ひとつは、木を植えて育てるという工程です。これは、木材にするのに適した大きさになるまで80年かかる仕事ですから、祖父が植えた木を孫が切るというように、3世代はかかる大仕事です。

もうひとつは、木を切ってから製材して販売するまでの工程です。これは、実際に働いている時間としては、山で木を選んで切り、製材所に運ぶまでが4か月ほどで、製材所で製材、乾燥、しあげ、加工までが1か月ほどです。

林業には大きな役割もあります。森を管理することが、地球の環境を守ることになるのです。林業を仕事にする人たちは、これを誇りに仕事をしているといいます。

◀**木を運ぶ** 切って枝を落とした丸太はワイヤーでつったり、機械でつかんだりして運ぶ。
①ワイヤーの位置まで下ろす途中、引っかかってしまった丸太は機械でつかんで運ぶ。
②上にいる作業員に無線で指示をする。
③切り倒した木を運ぶ準備をしている。

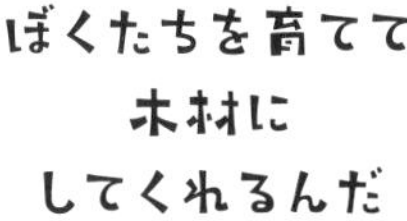

山で選んだ木を切る

　山で木を切る前に、まず山の持ち主と、かかる費用や仕事内容の話し合いをして、販売までの契約を結びます。その後、山での作業に入ります。

　山では、まず切る木の選定をする作業員が木材の使いかたに合った木を選び、選んだ木に印をつけていきます。伐採の作業員は、その印がついた木を切っていきます。

　目的の木を切っていく作業とは別に、木がはえすぎている森林を調整する間伐という作業もあります。森の密度を減らすことで、太陽の光が地面にまで届くようになります。すると、残った木に栄養がいきわたって成長が活発になり、木が健康に育ちます。木の形や質を高めるためのくふうで、木が健全に育てば、木材の価値を高めることにもなります。間伐では、ひと区画のなかで30%ほどの木を切ります。ここでも、どの木を切ればうまく調整できるかを、選定の作業員が見ながら印をつけていきます。

　山では、木を切るときが一番危険な作業になります。木が倒れる方向を見定めて、作業員の安全を確認しながら木を切ります。山での作業は、雨の日にはおこないません。急な斜面での作業になるため、すべると命にもかかわるほど危ないからです。

少ない人数で安全にはやく

急な斜面で丸太を運ぶ

切り倒した木は、その場で枝を落として丸太にします。次に、運びやすいように丸太にワイヤーを巻いて持ち上げたり、機械でつかみ上げたりしながら急な斜面を運び、一度1か所に集めます。

現場で集めた木は、まず太さをそろえるために分割します。1本の木でも根本は太く先は細いからです。分割した丸太は、またワイヤーでつるして山のなかにある集積所に集めます。集積所では、丸太を太さごとに整理します。その後、整理した丸太をトラックにつみこみ、貯木場へと運びます。

いまは山のなかでの仕事は、ほとんど機械化されています。そのため、作業員の安全性は高まり、少ない人数での作業も早く確実にできるようになりました。

▼**無線で安全を確認** 作業の安全のため、斜面で丸太を上げ下げするときには、無線で作業員どうしが確認しあう。

▲**現場のまとめた丸太** 丸太は、現場で運びやすい大きさに切りそろえて、集積所に運ばれるのを待つ。

▲**集積所に集めた丸太** トラックで貯木場に運ぶために、集積所では木の太さや種類をそろえて並べる。

◀**資源の森** ひと目見ただけでは、ふつうの森林にしか見えないが、種類別に植林されている。正面付近に、木が残らず切られている場所もある。これから、植林をする予定のところだ。

コラム

森林鉄道で運んだ遠山郷の木材

いまはトラックが丸太を製材所まで運んでいますが、昭和時代には遠山森林鉄道が、飯田市南信濃木沢にあった貯木場へ丸太を運んでいました。

第二次世界大戦中の1940（昭和15）年、赤石山脈の国有林から切りだす軍用材を運ぶために、鉄道の建設が決まります。1944（昭和19）年に梨元～大沢渡間（19.6㎞）が完成すると、赤石山脈（南アルプス）の豊かな森林資源が本格的に開発されていきます。1956（昭和31）年には、途中の北又渡からわかれて西沢渡までの本谷線（10.9㎞）が完成して、さらに広い範囲から木を切りだすようになりました。

それまでの木材運搬は、いかだをつくって川に流していたので、森林鉄道の開通は遠山谷の林業に大きな変化をもたらしました。しかし、道路が整備されトラックで運ぶようになると、1968（昭和43）年、森林鉄道による木の運搬は終わることになります。

遠山森林鉄道が走っていたところ

▶**木材をつんだ貨車を引く機関車** 最盛期には、木材など荷物をつむ貨車242両、貨車を引く機関車7両、モーターカー5両、人を乗せる客車5両が運行していた。

製材所から商品になるまで

土場 山から切り出された木は、土場に集められ、木の種類や太さ、品質などによってわけられる。

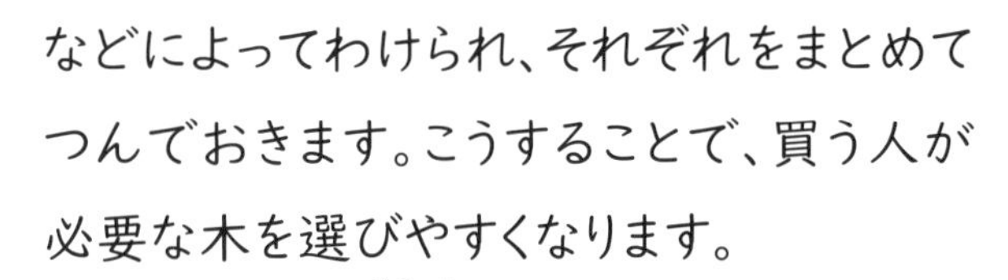

▶**木の選別**
土場に集められた木を、種類や太さなどでわけているところ。

流通センターでしわけをする

山から切りだされた丸太は、製材所と販売所の機能をもつ木材流通センターに運ばれます。木材流通センターにある、「土場」とよばれるしわけ所に丸太が運びこまれると、「選別」がおこなわれます。まず、建築や土木工事には使えないものをよりわけます。残った丸太は、木の種類や太さなどによってわけられ、それぞれをまとめてつんでおきます。こうすることで、買う人が必要な木を選びやすくなります。

選別された丸太は、月に1回開かれる販売会で売りにだされます。販売された木は、使う目的に合わせて製材されます。

製材と乾燥
◀1本の丸太を、その特性に応じて製品をつくっているところ。

▶製材したら乾燥機に入れ、木材の水分を20%以下にする。

▲**プレカット加工** 木材の表面をみがくことから、工務店などの注文などに応じた、木材の合わせ目まで機械が加工する。

製材は機械でスピード化

木材流通センターでは、木の種類など丸太の特性に合わせて製品をつくっていきます。住宅の場合、家を支える「構造材」、壁などに使う「板材」など、買った人の注文に応じた太さや形に製材していきます。

製材作業のほとんどは機械でおこなわれ、人は機械を動かすこと、管理することに集中します。製材をするとき、「おが粉」や「チップ」とよばれるこまかい木くずがでます。これも捨てずに温泉施設の燃料用に提供されます。また、丸太の皮は肥料や発電用の燃料に使われます。

製材された製品は、乾燥用の大きなたてものに入れられ、高温で1週間ほどをかけて乾燥させます。木の水分を減らすことで、反ったり割れたりせず、安定した強い木材になり、長持ちするようになります。

乾燥させた木材は、含まれる水の量や強さが調べられます。合格した木材だけがしあげの工程にまわされ、使いかたに応じて大きさが整えられます。そして建築現場などで使われます。

▲**プレカット加工のようす** 全自動でプレカットをしているところ。

▶**チップ材** 製材所では、製材しているとちゅうで出るチップも再利用している。

インタビュー

材木の地産地消をめざす

飯伊森林組合
飯伊木材流通センター
所長
前島浩司 さん

いま、わたしたちが山で育てているのは、自分たちの後の世代が使う木です。もしかしたら、会うこともない世代かもしれません。そして、いまわたしたちが使っている木は、わたしたちの2、3世代前の人たちが植えた木です。

つまり、山で木を切って、それでおしまいという仕事ではないということです。世代をこえてつないでいくというのは、おもしろい仕事だと思います。ただ、楽しいけれど、いまは林業に元気がない時代です。そこで、わたしたち飯伊森林組合など林業関係者と、工務店や設計者、そして役所が集まり、「南信州木づかいネットワーク」をつくりました。林業を元気にするには、まず地域の森林資源をその地域で使うこと。木の地産地消をすることで、林業に活気をとりもどそうとしています。

（2023年4月取材）

飯田市の伝統産業「水引」

全国の70%がつくられている飯田市

　お祝いやお葬式のときにお金を包む、のし袋にかけられた飾りを見たことはあるでしょうか。お祝いでは紅白や金銀、お葬式では黒白の飾りがついています。

　飾りは、何本かの細いひもを結んでつくられています。そのひもを水引といいます。水引は紙でできていますが、飯田市ではむかしからじょうぶな和紙がつくられていました。その和紙をよってひもにしたら、米を水でとかしたのりをぬって、かわかしたあとに色をつけます。

　現在のように、全国の70%の水引が飯田市でつくられるほどさかんになったのは、明治になってからのことでした。江戸時代の飯田の和紙は、男女の髪をまとめるときに使われる元結で有名でした。

　明治時代になり散髪の自由がみとめられてからは、ほとんどの男性がまげを切ったため、元結を使う人も少なくなりました。そこで、元結をやめて水引づくりに転職する人が増えたのです。また、日本の婚約の儀式「結納」や正月飾り、お祝いののし袋など、水引を使う機会も増えたことで、飯田の水引が全国で有名になりました。

　現在は、結納をする人はほとんどいなくなり、水引を使う機会は減ってきています。そこで飯田市では、女性の髪飾りをつくるなど、水引の新しい道をさがしています。

◀**水引** のし袋にかけられている金銀、紅白などのひもが水引といわれるもの。

▲**水引の髪飾り** いまの時代に合ったデザインと新しい使用法を生みだすことで、水引の新しい道をひらいていく。

▼**水引の色** さまざまな色がある水引。このなかから、デザインに合わせて色を選ぶ。

▼**指先でつくる美しい曲線** 指先が動くたびに、せんさいなデザインが生まれてくる。

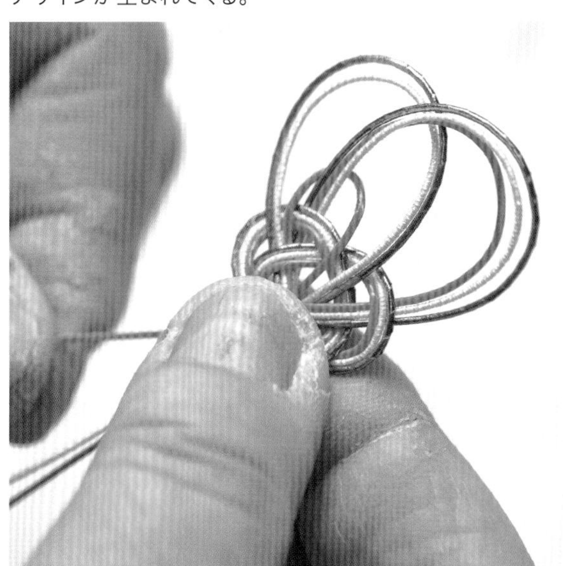

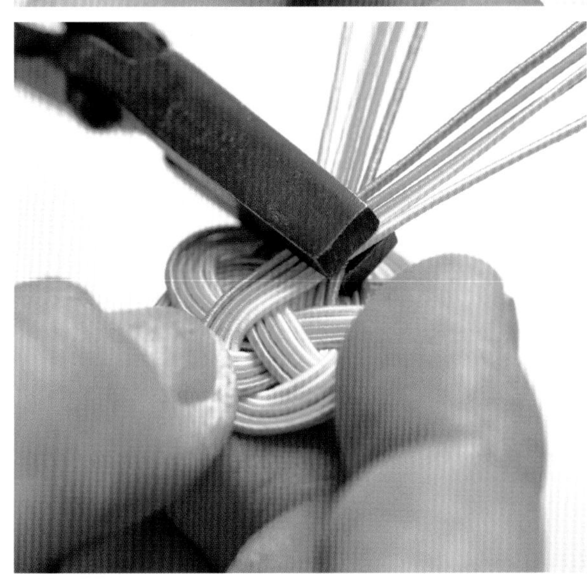

▲**水引のしあげ** しあげは、ペンチで形を整え、ひもをそろえてでき上がり。

インタビュー

飯田で水引がさかんなのはなぜ?

飯田水引協同組合
専務理事
関島正浩 さん

飯田で、なぜ水引がさかんになったのでしょうか。わたしは、こう考えています。

和紙は木の内側のやわらかい皮を材料にしてつくります。飯田には、その材料に適した木がたくさんありました。それで、むかしから和紙づくりがさかんだったのですが、江戸時代に飯田の和紙に大きな変化があったのです。当時、和紙の産地は日本じゅうにありましたが、白い紙は少なく、うすいクリーム色のような紙が多かったのです。そこで、飯田のお殿さまが、特徴ある和紙をつくって、飯田の和紙を全国に広めようとします。そうして、ほかにはない白い和紙が生まれます。白い和紙は、さまざまな色にそめることができます。多くの色の水引が生まれる元になったことが想像できます。

また、飯田のお殿さまに、行儀や作法を将軍や大名に教える小笠原氏がいたことも、水引がさかんになり、長く続いた理由のひとつだと思います。水引は、お祝いなど公の行事で使われるものだからです。

（2023年4月取材）

多くの作物が育つ
南信州地域の農業

地域を支える4大農産物

日本の多くの農地は、一年のあいだで農作業が集中するときがあります。ところが、南信州地域は温暖な気候で晴天になる日も多いため、一年をとおして作物の栽培ができるので農閑期はなく、むかしから出かせぎに行く人は少なかったといいます。これ以上南にはない（南限）作物と北にはない（北限）作物がいっしょにある土地で、それは多くの種類の作物を育てることができる土地だということです。

南信州地域には、4大農産物として果樹、野菜、キノコ、畜産があります。

果樹の生産がさかんなのは、日当たりがよい斜面が多い、伊那谷の地形をいかしているからです。むかしは、養蚕がさかんなところでもありましたが、それが落ちこんできたときに、カイコの食料として育てていたクワの木を果樹に植えかえたのです。果樹では、特に干し柿で有名な「市田柿」が、多く栽培されています。

野菜では、キュウリが県内でも上位に入る出荷量になります。

キノコの栽培は、シメジとエノキタケの2種類に集中しています。南信州地域は1972（昭和47）年、ブナシメジの人工栽培にはじめて成功したところです。

2021年の飯田市農産物産出額

果樹	32億9000万円
畜産	21億円
野菜	18億1000万円
キノコ	16億5000万円
コメ	7億5000万円
花卉	5億2000万円
その他	1億円
合計	102億2000万円

◎農林水産省発表の「令和3年市町村別農業産出額（推計）」（令和5年3月公開）を基に、飯田市が算出。

◀**市田柿の「柿のれん」** 市田柿の栽培の歴史は古く、500年以上といわれている。これを干し柿にしたものも「市田柿」と呼び、下伊那郡高森町の市田地域で栽培されていたことから名前がついた。

京都市場で人気の信州プレミアム牛肉

南信州地域の畜産物は、距離が近いので、むかしから京都市場へ多く出荷されました。その京都市場では、長野県の特選牛肉のなかでも南信州地域産の「南信州牛」が高い評価を得ています。

生産者で土屋畜産社長の土屋進さんは、「肉牛を育てるには、夏のすずしさがたいせつだと思っています。湿度も低くて動物はすごしやすいから、ストレスが少ない。エサも穀物をきちんと食べているので、健康になる。健康に育つ牛には、おいしい肉が育つのです」と説明しました。土屋さんは出荷時期に合わせてエサの配合を変えることで、冬と夏ではちがう味になるように育てています。こうした個人の努力が、結局は南信州牛の評価を高めることになるからです。

▲**評価が高い肉牛** 南信州牛は味にびん感な人が多い京都で人気が高いことからも、品質や味のよさがわかる。

▲**環境が味を決める** 外にも出すことで、肉牛たちはのびのびと育つという。

インタビュー

少量多品種の農業です

JAみなみ信州
営農部次長兼
営農企画課長
原 博文 さん

南信州地域は平地が少ないので、広い耕作地をつくることができません。そのかわりに一年中なんでも育つので、いろいろな作物を栽培するようになり、少量多品種の農業になったというのが南信州地域の特徴です。実際に、長野県内を見ても、これだけ多くの種類をつくっているところはありません。

4大農産物のほかに、花も日本有数の産地で、約200種類の花が全国に出荷されています。

（2023年4月取材）

美しい風景を守ることで生まれる観光産業

▲**よこね田んぼ** 耕す人が大きく減ったことで、田んぼがなくなるかもしれなかった「よこね田んぼ」。人手不足を解消し、復活したことで、観光地としても有名になった。

復活した千代の棚田

棚田は、美しい景色を生みだしますが、耕作機械が入りにくいため、作業のほとんどを人の力でおこなうことになります。飯田市千代地区にある棚田「よこね田んぼ」では、1990（平成2）年ごろから、農家の高齢化や後継者不足のために水田の耕作が難しくなり、全体の約40％の田んぼで稲作をおこなわなくなりました。

そこで千代地区の人々は、棚田を地区の財産として後世に受けついでいくために、地区の外からも棚田の保全活動の参加者を集め、すべての水田で耕作をおこなえるようにしました。こうして守られた「よこね田んぼ」には、美しい風景を求めて多くの人が訪れています。

▲**田んぼを守る人々** ボランティアや企業の新人研修や学校の体験学習などで田んぼを耕す人たちに助けられ、よこね田んぼの棚田は守られている。

▲**下栗の里** 急な斜面に張りつくようにして家があり、集落がつくられている。この特別な環境が守られたことで、多くの観光客を集めるようになった。

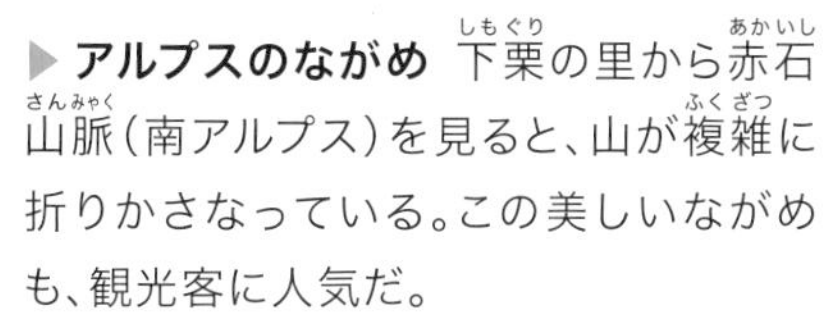

▶**アルプスのながめ** 下栗の里から赤石山脈（南アルプス）を見ると、山が複雑に折りかさなっている。この美しいながめも、観光客に人気だ。

日本のチロルといわれた下栗

下栗の里【➡P.11】は、景色の美しさ、自然とともに生きる集落の人たちのくらし方が、オーストリア・チロル地方に似ていると言った人がいます。地理学者の市川健夫で、下栗分校跡に命名の碑があります。彼が「日本のチロル」とよんだことや、雑誌などでとりあげられたことで、下栗の里は注目を集め、全国的に知られるようになってきました。さらに下栗地区に住む人々が景観を守りつづけてきたことで、観光地としても人気が出たのです。

集落では、下栗の里をいろいろな方向からながめることができるように、地元の人々が里の周囲数か所に、ビューポイントをつくっています。また、地元の人が案内人として集落を歩きながら、下栗の自然、くらし、食文化、霜月祭りなどを説明して、観光客に対応しています。

⑤南信州地域の歴史

古くから、各地の文化や産物が行きかった南信州地域。この地域に大きな変化をおこしたと思われるできごとをみながら、歴史を調べてみましょう。

南信州地域の歴史をつくった交通

街道が運んだ文化や情報

700年代はじめにはあったと考えられている東山道は、当時の都の奈良から東北地方を結ぶ重要な街道でした。長野県内では、伊那谷【➡P.10】をとおり松本、上田から碓氷峠をとおったとされています。伊那谷は、古代から街道を通じて都とつながり、最新の文化や情報がもたらされていたのです。

また、日本海と太平洋をつなぐ「塩の道」も、早くから開かれていました。飯田市では、現在の伊那街道（三州街道）、秋葉街道になります。これが、長野県の松本から北は千国街道となり、新潟県の糸魚川へと通じていました。日本海や太平洋でつくられた塩を、内陸に運ぶ重要な道でした。

南信州地域をとおる街道

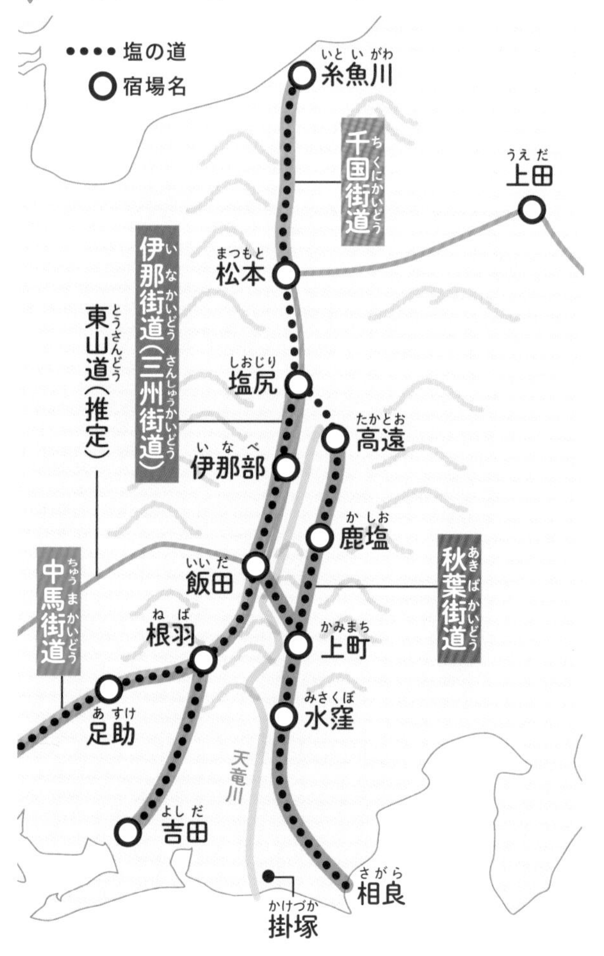

▲飯田市八幡町　八幡町は、静岡県浜松市に向かう遠州街道がはじまる町で、秋葉街道の分岐点でもあった。

▲**天竜川の舟運** いかだを組んで天竜川をくだった木材。江戸時代から明治時代中ごろまで、多くは掛塚港から海上輸送によって主に江戸、東京方面へ運ばれた。木材以外にも、茶などの産物や人を運んだ。写真は、明治時代末期〜大正時代初期のころの天竜川。

▲**天竜川渓谷** 下伊那郡天龍村にある天竜川渓谷。いまはダム湖の水量調節で水の流れはおだやかだが、むかしは激流で有名な川だった。

江戸時代の流通を担った天竜川

天竜川は、長野県の諏訪湖から流れ出て、伊那谷をとおり太平洋に注いでいます。水量が多い川として知られ、古代から交易で重要な役割を果たしてきました。川を使って飯田など伊那谷からは木材が運ばれ、現在の静岡県北部からは薪や茶、紙の原料になる楮などが運ばれました。

いっぽう、天竜川はむかしから多くの災害をおこしてきた川でもあります。そこから「あばれ天竜」ともよばれ、日本でも有数の急流に数えられています。

文化の交差点、飯田市街

発展したのは
なんでだろう？

城下町に育った文化

戦国時代、現在の飯田市街は武田信玄、織田信長、豊臣秀吉、徳川家康という有名な4人の武将たちが、競って奪いあったところでした。それだけ重要な場所であったということです。

戦国時代が終わり、江戸時代になると、城下町が大改修されます。たて横が規則正しく引かれた線のような現在の飯田市の道は、このときつくられたものがもとになっています。また、飯田の町や、周辺に広がる農村では、農業のほかにも生糸、和紙、元結、傘、漆器などの手工業が発達します。さらに、中馬という馬を使った運送業がさかんになったことで全国の市場と結びつき、経済的にも文化的にも独自に発展するようになりました。

▼**飯田市街** 西に木曽山脈、東に赤石山脈という日本アルプスにはさまれた飯田市。

▲**天竜川沿いを走るJR飯田線** 鉄道がとおるようになると、南信州地域の交通や経済に大きな変化がおきた。昭和初期は戦争のために物を運んでいたが、戦後、国民に経済的なゆとりができると、多くの観光客を運ぶようになった。

鉄道が南信州地域に集めた観光客

1937（昭和12）年、愛知県と長野県を結ぶ鉄道の飯田線が全線開通します。このときは1本につながったものの、まだ私鉄4社がそれぞれの区間を所有していました。

それが1943（昭和18）年、太平洋戦争中だった日本は、戦争に必要なものを運ぶための重要な路線だということで、全線を国が買いあげ、国鉄となります。

戦後は、景色の美しいところを走る路線として人気になり、南信州地域に観光客を集めるようになります。そして、JR飯田線となっていまに続きます。

飯田市の歴史

古代	701年（大宝元年）	このころ現在の飯田市に地方政治のための役所が置かれたと考えられている。
中世	1400年代（室町時代中期）	このころに小笠原氏が飯田に来たと思われる。
	1554年（天文23年）	戦国時代の武将、武田信玄が現在の飯田市をふくむ下伊那を支配。
	1582年（天正10年）	織田信長が、下伊那を支配。
	1587年（天正15年）	徳川家康が下伊那を支配。
近世	1590年（天正18年）	豊臣秀吉の命令で毛利秀頼が飯田城主となる。
	1672年（寛文12年）	堀氏が飯田城主となり、明治までの196年間を治める。
近現代	1871年（明治4年）	廃藩置県で飯田県になるが、同年、筑摩県に合併。明治9年長野県に統合。
	1947年（昭和22年）	4月の大火により市街地の大半を焼失。
	2005年（平成17年）	平成の大合併で市域が広がり、静岡市・浜松市と接する都市になる。

さくいん

あ行

か行

さ行

た行

調べてみよう・訪ねてみよう

長野県に行ったら訪ねてみよう。飯田市や下伊那郡のいろいろなことがわかるよ。

飯田市美術博物館

飯田市の生きもの、民俗芸能についての展示をはじめ、地質、伊那谷の自然と歴史や文化を紹介している。

伊那市創造館

伊那谷の昆虫食についての展示コーナーがあり、昆虫が家庭料理の食材になった歴史や理由がわかる。

まつり伝承館天伯

霜月祭りを中心に、秋葉街道や飯田市(旧上村)の自然・民俗・歴史の資料を展示している。約200年前の古民家「ねぎや」も見学できる。

監修

長谷川直子(はせがわなおこ)
お茶の水女子大学文教育学部人文科学科地理学コース准教授。研究のかたわら、地理学のおもしろさを伝えるべく活動中。

山本健太(やまもとけんた)
國學院大學経済学部経済学科教授。地域の伝統や文化と、経済や産業の関係について研究をしている。

宇根 寛(うね ひろし)
お茶の水女子大学 文理融合AI・データサイエンスセンター研究協力員。国土地理院地理地殻活動研究センター長などをつとめたのち、現職。専門は地形。

編集
牧一彦、籔下純子

装丁・デザイン・イラスト・図版
本多翔

執筆
牧一彦

写真
鶴田孝介

たてものイラスト
サンズイデザイン

校正
水上睦男

監修協力
平尾正樹(日本気象株式会社)

取材協力
新井優(新井建築工房)/梅本彩(南信州観光公社)/飯田市産業経済部農業課/飯田市産業経済部林務課/飯田市立上村小学校/近藤大知(飯田市美術博物館)/捧剛太(伊那市創造館)/四方圭一郎(飯田市美術博物館)/下栗里の会/関島正浩(飯田水引協同組合)/土屋進(土屋畜産株式会社)/天竜川上流河川事務所/遠山郷観光協会/仲井栄/西島昇(長野地方気象台)/野牧和将(飯田市上村自治振興センター)/秦和哉(飯伊森林組合)/原博文(JAみなみ信州)/前島浩司(飯伊森林組合)/松澤柾紀(よこね田んぼ保全委員会事務局)

写真協力
南信州観光公社(P.1・43・45)/天竜川上流河川事務所(P.9上2点・下右)/宮田村教育委員会・向山雅重(P.14上)/飯田市歴史研究所(P.14上・15上左)/飯田市美術博物館(P.12・13)/新井優(P.16〜17)/長野県農政部(P.18中・下)/下栗里の会・小林正男(P.19上右・下2点・P.24)/飯田市立上村小学校(P.20右2点・P.21・22・23)/南信州民俗芸能継承推進協議会(P.26〜29)/鈴木治男(P.33下)/飯伊森林組合(P.34下右)/JAみなみ信州(P.38)/よこね田んぼ保全委員会事務局(P.40)

図版協力
千秋社(P.6〜7)/山本健太(P.6〜7)/国土交通省ウェブサイト「土石流とその対策」(P.9下左)

参考
『飯田・下伊那の歴史と景観』(飯田市歴史研究所編・飯田市教育委員会,2019)/『信州遠山郷　下栗の里を歩く』(下栗里の会編・下栗里の会,2013)

現地取材! 日本の国土と人々のくらし⑥
山地のくらし 長野県飯田市(いいだ)
発行　2023年11月　第1刷

監　修　長谷川直子　山本健太　宇根 寛
発行者　千葉 均
編　集　崎山貴弘
発行所　株式会社ポプラ社
〒102-8519 東京都千代田区麹町 4-2-6
ホームページ　www.poplar.co.jp
kodomottolab.poplar.co.jp(こどもっとラボ)
印刷・製本　図書印刷株式会社

ISBN978-4-591-17918-5 / N.D.C. 291 / 47P / 29cm

P7243006

あそびをもっと、
まなびをもっと。

こどもっとラボ

日本のさまざまな地形

地形とくらし

人工衛星から見た地球は丸いボールのようですが、わたしたち人間の目で見ると、地球の表面はなめらかではなく、海や山や谷など凹凸があります。この地形が、気候やわたしたちのくらしに大きなかかわりをもっています。

日本の国土は、山が多く、火山も多くあります。山地は日本列島を南北に背骨のように連なり、平地は少ないのが特徴です。そのため、地域によって気候が変わり、人びとのくらしぶりにも変化をもたらせたのです。

さまざまな地形

地形	説明
山地	標高が高く、山が集まっている地形。山地には、山脈、高地、高原、丘陵、火山などがある。
山脈	山が連続して、細長く連なっている山地。
高地	標高が高く、高低差がそれほど大きくないところ。
高原	標高の高いところに、平らに広がっている土地。
丘陵	低地の周辺にあり、標高がそれほど高くない場所。
火山	地下のマグマが、噴きだしてできた山。

地形	説明
平地	地面の凹凸が少なく、平らな土地。平地には、平野、盆地、台地、低い土地がある。
平野	河川の下流にある平地で、海面より高さが低い土地もある。
盆地	周囲を山にかこまれている平らな場所。
台地	平地の中で、台のように高く平らになっている土地。

大阪平野
飛驒山脈 ▶6巻
中国山地
播磨平野
木曽山脈 ▶6巻
筑紫山地
筑紫平野
九州山地
紀伊山地
四国山地
桜島 ▶7巻
濃尾平野 ▶4巻
伊那山地
宮崎平野
牧ノ原 ▶7巻
笠野原 ▶7巻
赤石山脈 ▶6巻